Impressum
Verlag: BABADADA GmbH, Nedderfeld 112 , 22529 Hamburg
Geschäftsführer / Verlagsleitung: Harald Hof
Druck: Books on Demand GmbH, In de Tarpen 42, 22848 Norderstedt

Imprint
Publisher: BABADADA GmbH, Nedderfeld 112 , 22529 Hamburg, Germany
Managing Director / Publishing direction: Harald Hof
Print: Books on Demand GmbH, In de Tarpen 42, 22848 Norderstedt, Germany

School

skola

Klassenstuuv
klases telpa

delen
dalīt

186/2

Tafel
tāfele

Schoolhoff
skolas pagalms

Schoolmeester
skolotājs

Papeer
papīrs

schrieven
rakstīt

Sticken
pildspalva

Schrievdisch
rakstāmgalds

Lienholt
lineāls

Book
grāmata

Schöler
skolēns

Ranzel

skolas soma

Feddermapp

penālis

Bleesticken

zīmulis

Scharpmaker

zīmuļu asināmais

Radeergummi

dzēšgumija

Tekenblock

zīmēšanas bloks

Teken

zīmējums

Pinsel

ota

Malkassen

krāsas

Scheer

šķēres

Klever

līme

Heft to'n Öven

darba burtnīca

Huusopgaav

mājas darbs

Tall

skaitlis

tohooptellen

saskaitīt

aftrecken

atņemt

malnehmen

reizināt

reken

rēķināt

Bookstaav

burts

ABC

alfabēts

Woort

vārds

Text

teksts

lesen

lasīt

Kried

krīts

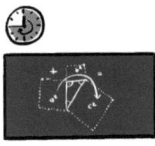

Stunn

mācību stunda

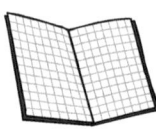

Klassenbook

žurnāls

Pröven

eksāmens

Tüügnis

liecība

Schooluniform

skolas forma

Utbillen

izglītība

Nakieksel

enciklopēdija

Universität

universitāte

Mikroskop

mikroskops

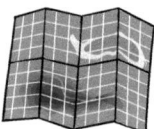

Koort

karte

Papeerkorf

papīrgrozs

Törn
ceļojums

Hotel
viesnīca
Grand
Harbarg
hostelis
ROOMS
EXCHANGE
Wesselstuuv
valūtas maiņas punkts
Kuffer
čemodāns
Auto
automašīna

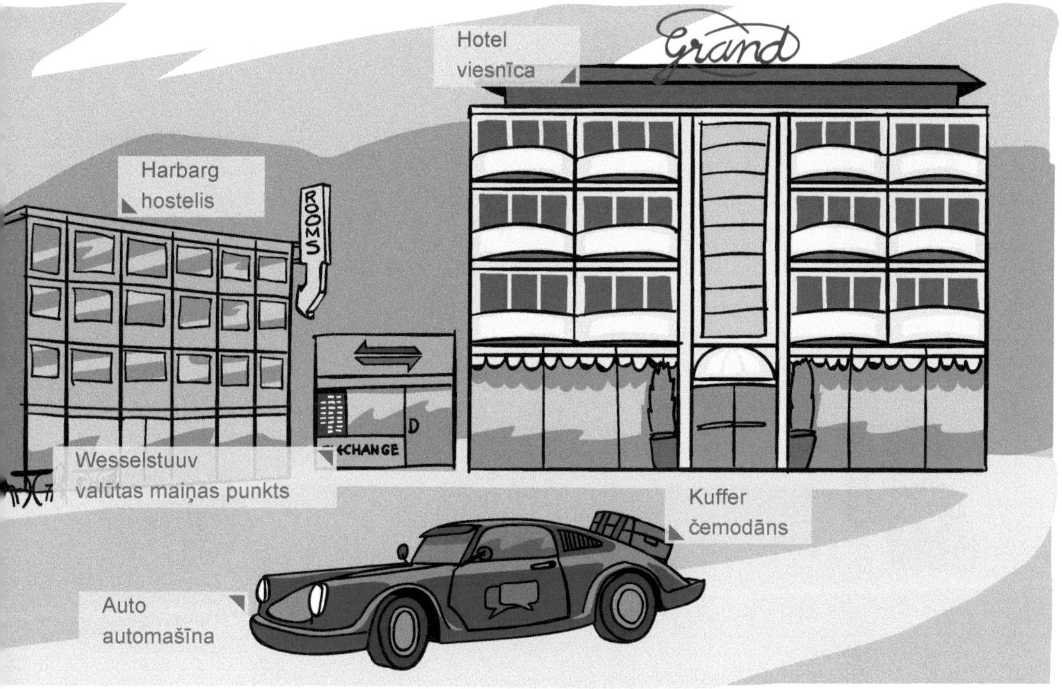

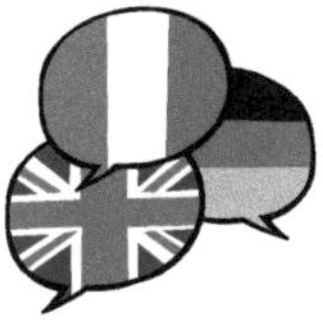

Spraak

Valoda

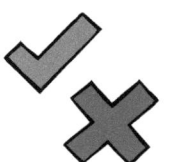

jo / ne

jā / nē

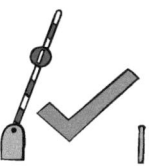

Jo

Okay

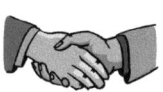

Moin

Sveiki!

Översetter

tulks

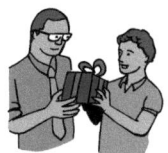

Dank ok

paldies

Wat kost...?

Cik maksā...?

Ik verstah nich

Es nesaprotu

Problem

problēma

Goden Avend

Labvakar!

Moin!

Labrīt!

Gode Nacht!

Ar labu nakti!

Tschüüs

Uz redzēšanos

Richt

virziens

Bagaasch

bagāža

Tasch

soma

Rüchsack

mugursoma

Gast

viesis

Stuuv

istaba

Slaapsack

guļammaiss

Telt

telts

Touristeninformatschoon
tūrisma informācija

Strand
pludmale

Kreditkoort
kredītkarte

Fröhstück
brokastis

Meddageten
pusdienas

Avendeten
vakariņas

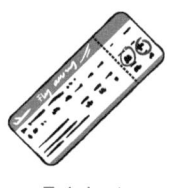

Fohrkort
biļete

Fohrstohl
lifts

Breefmark
pastmarka

Grenz
robeža

Toll
muita

Bottschop
vēstniecība

Visum
vīza

Pass
pase

Transport

transports

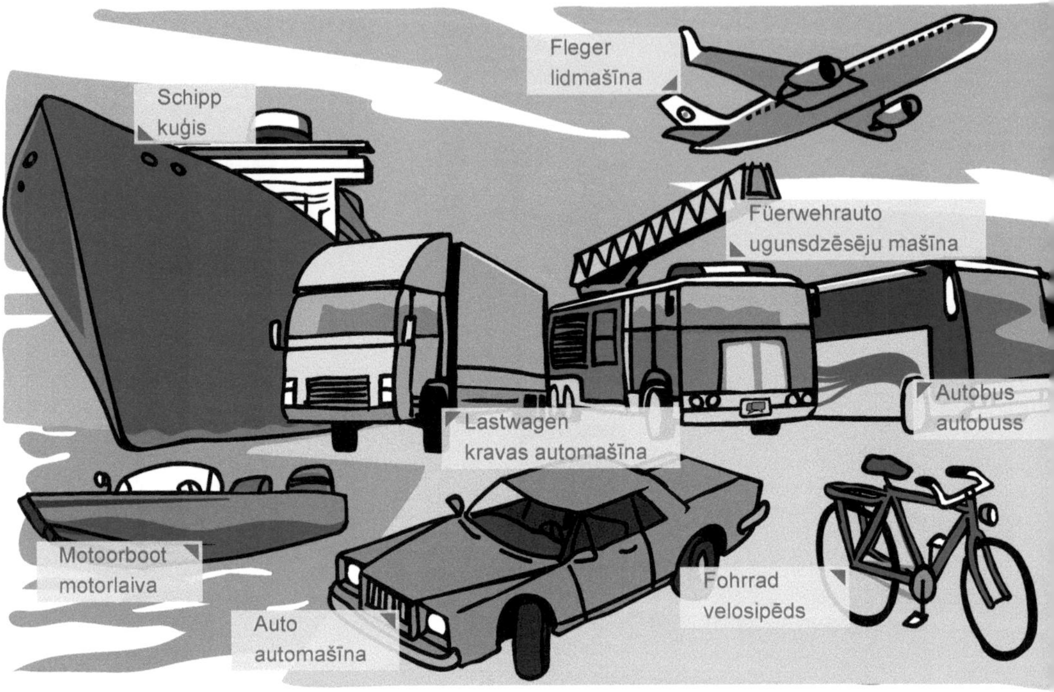

Fleger
lidmašīna
Schipp
kuģis
Füerwehrauto
ugunsdzēsēju mašīna
Lastwagen
kravas automašīna
Autobus
autobuss
Motoorboot
motorlaiva
Fohrrad
velosipēds
Auto
automašīna

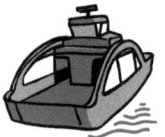

Fähr

prāmis

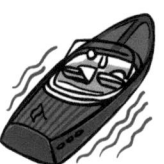

Boot

laiva

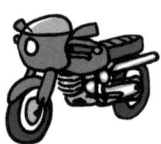

Motoorrad

motocikls

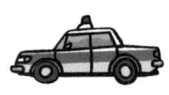

Polizeiauto

policijas automašīna

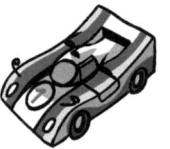

Rönnauto

sacīkšu automobilis

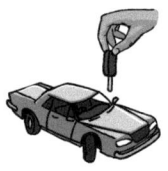

Lehnwagen

nomas auto

Carsharing

auto koplietošana

Afsleepwagen

evakuators

Müllauto

atkritumu mašīna

Motoor

dzinējs

Kraftstoff

benzīns

Tanksteed

degvielas uzpildes stacija

Verkehrsschild

ceļa zīme

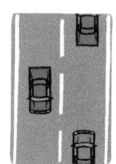

Verkehr

satiksme

Stau

sastrēgums

Afstellplatz

stāvvieta

Bahnhoff

dzelzceļa stacija

Sporen

sliedes

Tog

vilciens

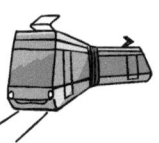

Stratenbahn

tramvajs

Wagon

vagons

Dwarsmöhl

helikopters

Flooghaven

lidosta

Tower

tornis

Fohrgast

pasažieris

Grootkist

konteiners

Karton

kaste

Koor

ratiņi

Korf

grozs

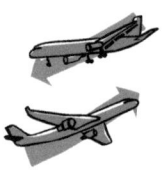

starten / lannen

pacelties / nosēsties

Stadt
pilsēta

Dörp

ciems

Binnenstadt

pilsētas centrs

Huus

māja

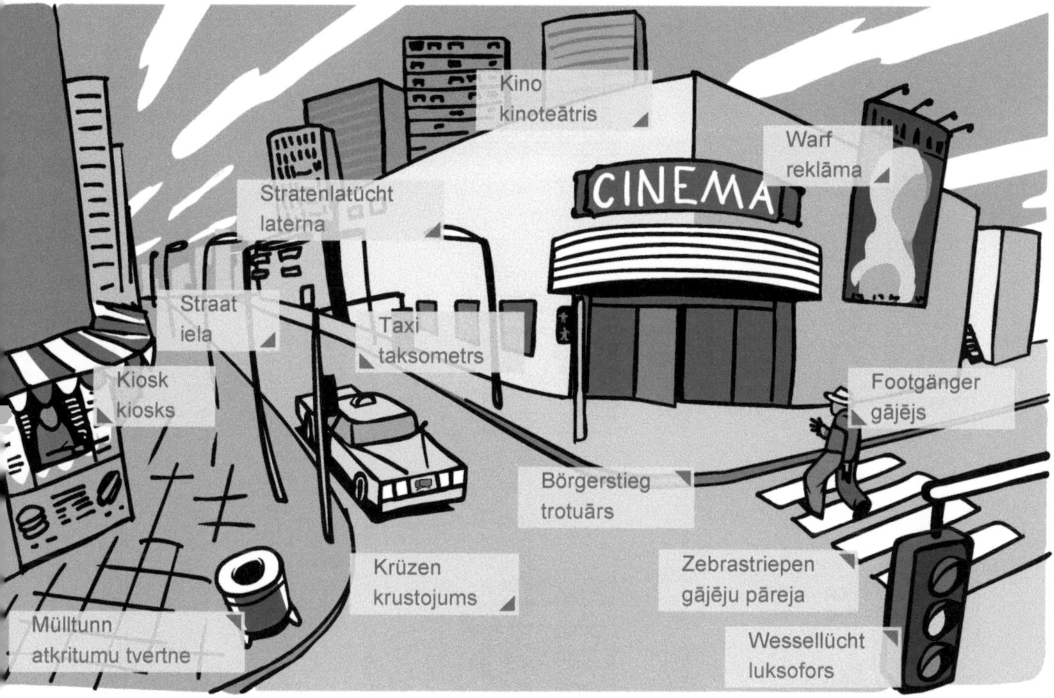
CINEMA
Kino
kinoteātris
Warf
reklāma
Stratenlatücht
laterna
Straat
iela
Taxi
taksometrs
Kiosk
kiosks
Footgänger
gājējs
Börgerstieg
trotuārs
Krüzen
krustojums
Zebrastriepen
gājēju pāreja
Mülltunn
atkritumu tvertne
Wessellücht
luksofors

Hütt

būda

Wahnung

dzīvoklis

Bahnhoff

dzelzceļa stacija

Raathuus

rātsnams

MUSEUM

Museum

muzejs

School

skola

Universität

universitäte

Bank

banka

Krankenhuus

slimnīca

Hotel

viesnīca

Afteek

aptieka

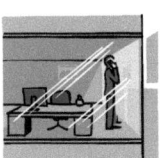

Büro

birojs

Bookhökerie

grāmatnīca

Hökerie

veikals

Blomenhökerie

ziedu veikals

Supermarkt

lielveikals

Markt

tirgus

Koophuus

tirdzniecības centrs

Fischhökerie

zivju tirgotājs

Inkoopszentrum

tirdzniecības centrs

Haven

osta

Parkanlaag

parks

Bank

sols

Brüch

tilts

Trepp

kāpnes

Ünnergrundbahn

metro

Tunnel

tunelis

Busstoppsteed

autobusa pieturvieta

Bar

bārs

Spieslokal

restorāns

Breefkassen

pastkastīte

Stratenschild

ielas nosaukuma plāksne

Parkklock

stāvlaika skaitītājs

Deertenpark

zooloģiskais dārzs

Baadanstalt

peldbaseins

Moschee

mošeja

Buernhoff

zemnieku saimniecība

Ümweltversmudden

vides piesārņojums

Karkhoff

kapsēta

Kark

baznīca

Speelplatz

spēļu laukums

Tempel

templis

Landschop

ainava

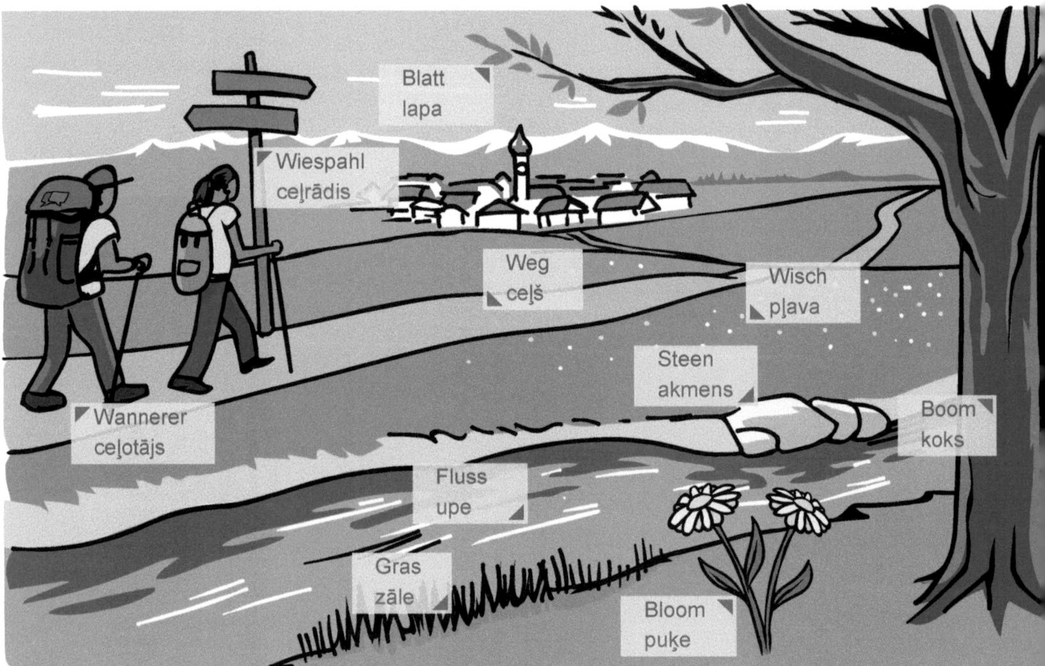

Blatt
lapa

Wiespahl
ceļrādis

Weg
ceļš

Wisch
pļava

Steen
akmens

Boom
koks

Wannerer
ceļotājs

Fluss
upe

Gras
zāle

Bloom
puķe

Daal

ieleja

Barg

kalns

See

ezers

Holt

mežs

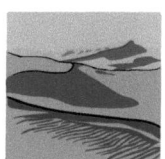

Wööst

tuksnesis

Füerspien Barg

vulkāns

Slott

pils

Regenbagen

varavīksne

Poggenstohl

sēne

Palm

palma

Steekmück

moskīts

Fleeg

muša

Miegeemk

skudra

Imm

bite

Spinn

zirneklis

Sebber

vabole

Pogg

varde

Katteker

vāvere

Swienegel

ezis

Haas

zaķis

Uul

pūce

Vagel

putns

Swaan

gulbis

Wildswien

meža cūka

Hirsch

briedis

Elk

alnis

Staudamm

aizsprosts

Windrad

vēja ģenerators

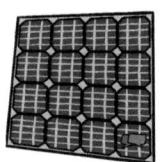

Solarmodul

saules baterija

Klima

klimats

Spieslokal
restorāns

Kellner
viesmīlis

Spieskoort
ēdienkarte

Stohl
krēsls

Supp
zupa

Pizza
pica

Bestick
galda piederumi

Dischdeek
galdauts

Vörspies

uzkoda

Haupteten

pamatēdiens

Nadisch

deserts

Drünk

dzērieni

Eten

ēdiens

Buddel

pudele

Fastfood

ātrās uzkodas

Strateneten

ielu uzkodas

Teekann

tējkanna

Zuckerdoos

cukurtrauks

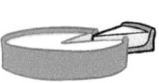

Portschoon

porcija

Espressomaschien

espresso kafijas automāts

Hoochstohl

bāra krēsls

Reken

rēķins

Tablett

paplāte

Mess

nazis

Gavel

dakša

Lepel

karote

Teelepel

tējkarote

Munddook

salvete

Glas

glāze

Töller

šķīvis

Suppentöller

zupas šķīvis

Ünnertass

apakštase

Sooß

mērce

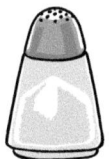

Soltstreuer

sāls trauciņš

Pepermöhl

piparu dzirnaviņas

Etig

etiķis

Ööl

eļļa

Krüder

garšvielas

Ketchup

kečups

Mostrich

sinepes

Mayonnaise

majonēze

Supermarkt
lielveikals

Anbott
piedāvājums
FOR
Kunn
klients
Melkprodukten
piena produkti
Aaft
augļi
Inkoopswagen
iepirkumu ratiņi

BUTCHERS

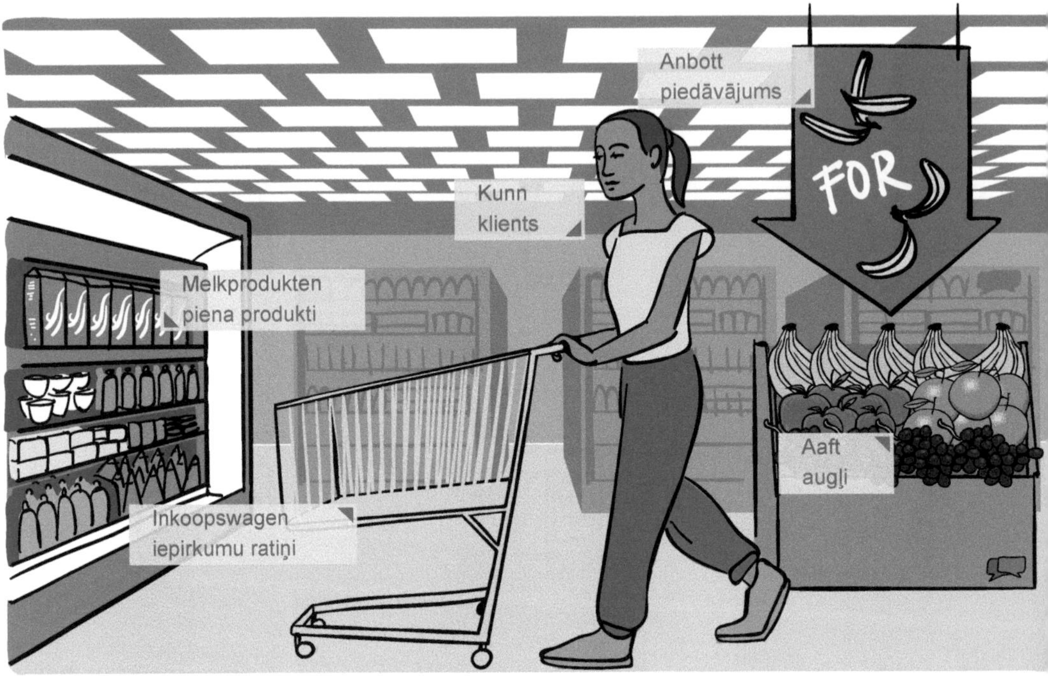

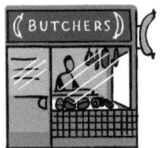

Slachterie

kautuve

BAKERY

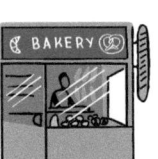

Bäckerie

maizes veikals

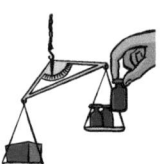

wegen

svērt

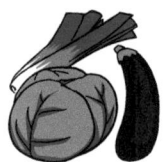

Gröönsaken

dārzeņi

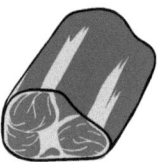

Fleesch

gaļa

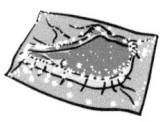

Deepköhlkost

saldēti produkti

Opsnitt

aukstās gaļas uzkodas

Konserven

konservi

Waschmiddel

pulveris

Snoopkraam

saldumi

Huushooltssaken

mājsaimniecības preces

Reinmaaktüüch

tīrīšanas līdzeklis

Verköpersche

pārdevēja

Kass

kase

Kasserer

kasieris

Inkoopslist

iepirkumu saraksts

Opsparrtieden

darba laiks

Breeftasch

maks

Kreditkoort

kredītkarte

Tasch

soma

Plastiktüüt

maisiņš

Drünk

dzērieni

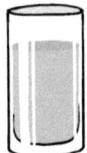

Water

ūdens

Saft

sula

Melk

piens

Cola

kola

Wien

vīns

Beer

alus

Spriet

alkohols

Kakao

kakao

Tee

tēja

Koffie

kafija

Espresso

espresso

Cappucino

kapučīno

Banaan

banāns

Appel

ābols

Appelsien

apelsīns

Meloon

melone

Zitroon

citrons

Wöttel

burkāns

Knuuvlook

ķiploks

Bambus

bambuss

Zibbel

sīpols

Poggenstohl

sēne

Nööt

rieksti

Nudeln

makaroni

Spaghetti

spageti

Ries

rīsi

Salat

salāti

Pommes frites

frī kartupeļi

Braadkantüffeln

cepti kartupeļi

Pizza

pica

Hamborger

hamburgers

Sandwich

sviestmaize

Snitzel

šnicele

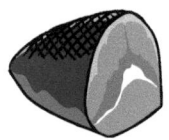

Schinken

šķiņķis

Salami

salami

Wust

desa

Hohn

vista

Braden

cepetis

Fisch

zivs

Haverflocken

auzu pārslas

Müsli

muslis

Cornflakes

brokastu pārslas

Mehl

milti

Croissant

radziņš

Rundstück

brokastu maizītes

Broot

maize

Toast

tostermaize

Keksen

cepumi

Botter

sviests

Quark

biezpiens

Koken

kūka

Ei

ola

Spegelei

cepta ola

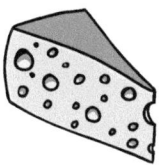

Kees

siers

Ies
....
saldējums

Zucker
....
cukurs

Honnig
....
medus

Marmelaad
....
marmelāde

Nougat-Creme
....
riekstu krēms

Curry
....
karijs

Buernhoff
zemnieku saimniecība

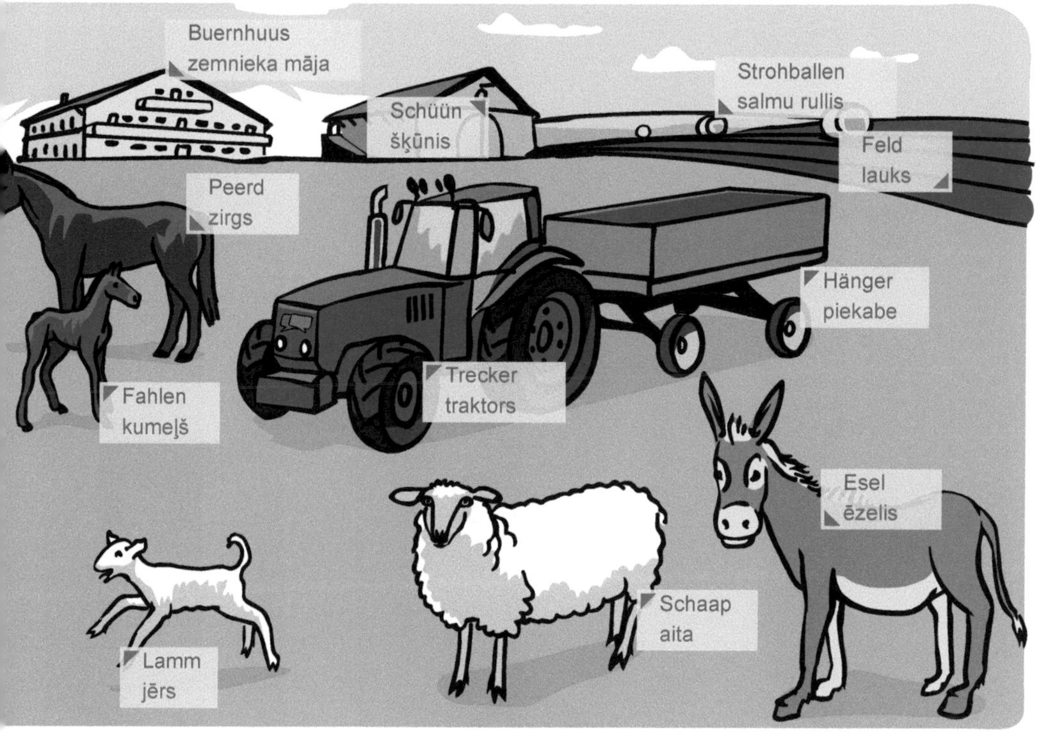
Buernhuus
zemnieka māja
Schüün
šķūnis
Strohballen
salmu rullis
Feld
lauks
Peerd
zirgs
Hänger
piekabe
Trecker
traktors
Fahlen
kumeļš
Esel
ēzelis
Schaap
aita
Lamm
jērs

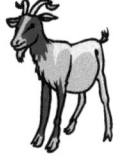

Zeeg
kaza

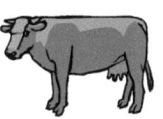

Koh
govs

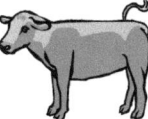

Kalf
teļš

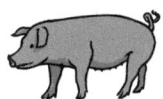

Swien
cūka

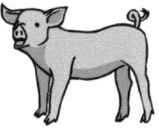

Farken
sivēns

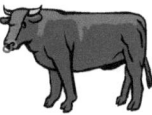

Bull
bullis

Goos

zoss

Aant

pīle

Küken

cālis

Hohn

vista

Hahn

gailis

Rott

žurka

Katt

kaķis

Muus

pele

Oss

vērsis

Hund

suns

Hunnenhütt

suņa būda

Goornslauch

dārza šļūtene

Geetkann

lejkanna

Lee

izkapts

Ploog

arkls

Sich
sirpis

Hack
kaplis

Mestfork
mēslu dakša

Ext
cirvis

Schuufkoor
ķerra

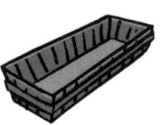

Trog
sile

Melkkann
piena kanna

Sack
maiss

Tuun
žogs

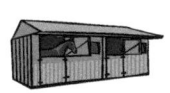

Stall
kūts

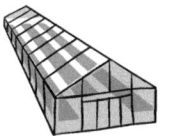

Drievhuus
siltumnīca

Bodden
augsne

Saat
sēklas

Dünger
mēslojums

Meihdöscher
kombains

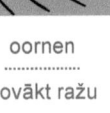

oornen

novākt ražu

Oorn

raža

Yamswöttel

jamss

Weten

kvieši

Soja

soja

Kantüffel

kartupelis

Törksche Weten

kukurūza

Rapp

rapsis

Aaftboom

augļu koks

Troopsch Kantüffel

manioka

Koorn

labība

Huus
māja

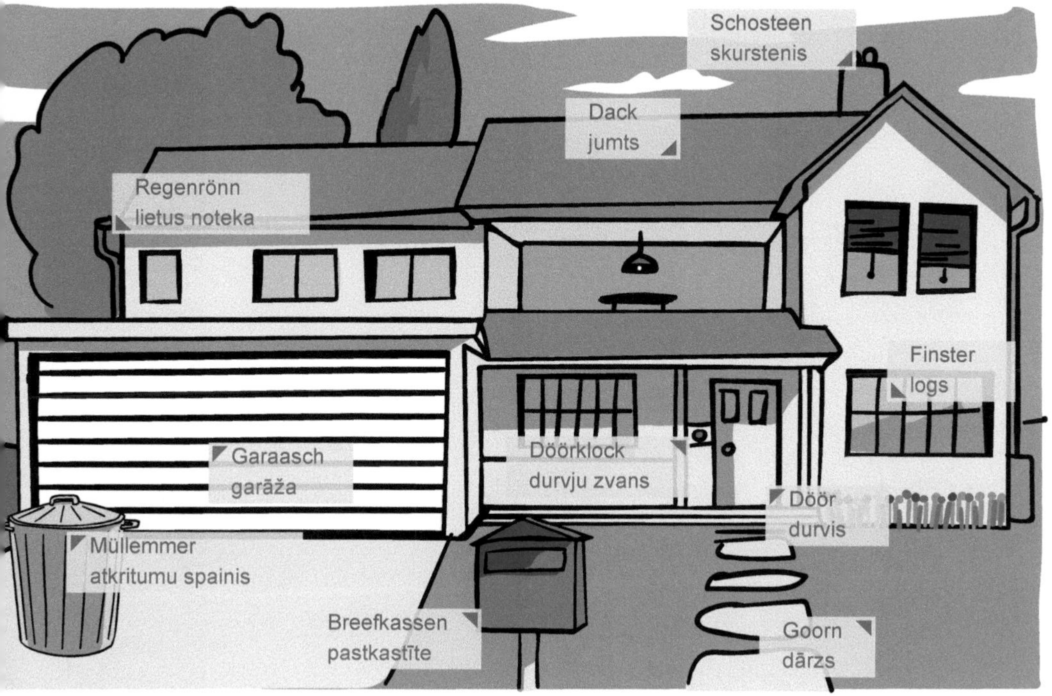
Schosteen
skurstenis
Dack
jumts
Regenrönn
lietus noteka
Finster
logs
Garaasch
garāža
Döörklock
durvju zvans
Döör
durvis
Müllemmer
atkritumu spainis
Breefkassen
pastkastīte
Goorn
dārzs

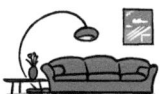

Wahnstuuv
viesistaba

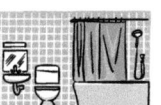

Baadstuuv
vannas istaba

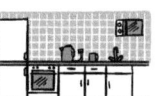

Köök
virtuve

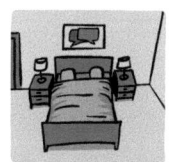

Slaapstuuv
guļamistaba

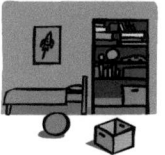

Kinnerstuuv
bērnu istaba

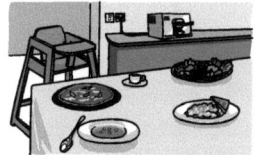

Eetstuuv
ēdamistaba

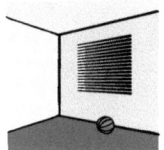

Footbodden

grīda

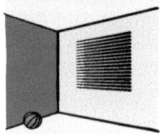

Wand

siena

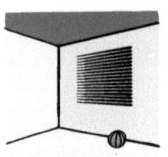

Deek

griesti

Keller

pagrabs

Hittluftbad

sauna

Balkon

balkons

Terrass

terase

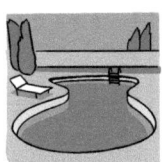

Swümmbad

baseins

Rasenmeiher

zāles pļāvējs

Bettbetog

gultas veļa

Bettdeek

sega

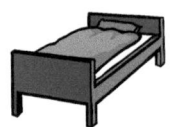

Puuch

gulta

Bessen

slota

Emmer

spainis

Schalter

slēdzis

Wahnstuuv
viesistaba

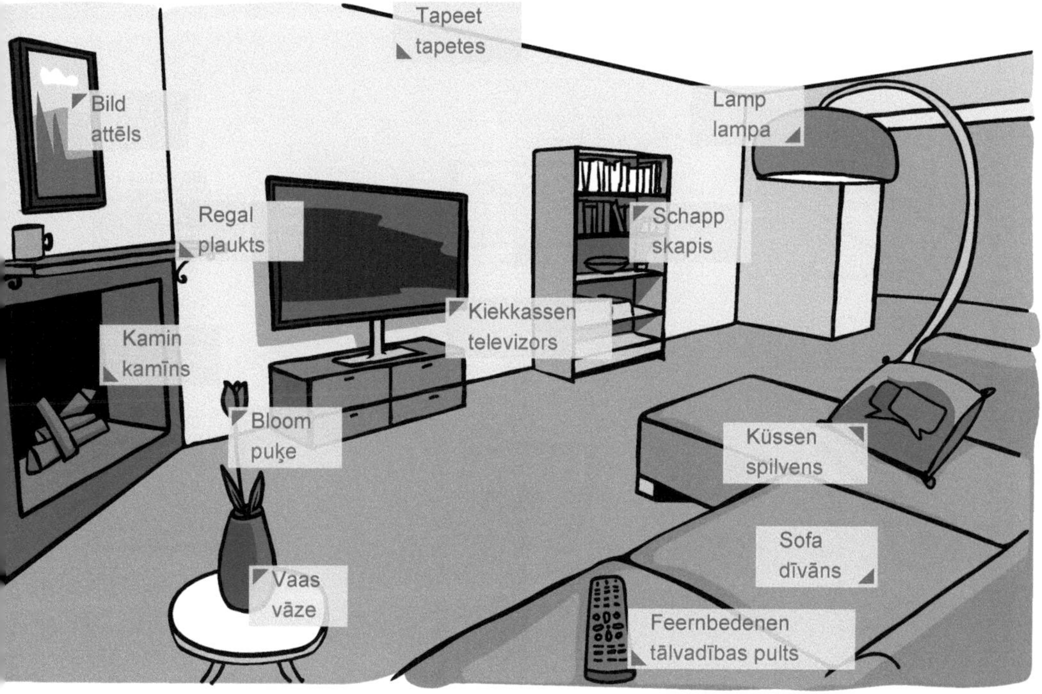
Tapeet
tapetes
Bild
attēls
Lamp
lampa
Regal
plaukts
Schapp
skapis
Kiekkassen
televizors
Kamin
kamīns
Bloom
puķe
Küssen
spilvens
Sofa
dīvāns
Vaas
vāze
Feernbedenen
tālvadības pults

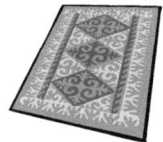

Teppich

paklājs

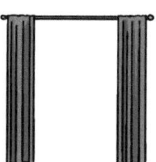

Vörhang

aizkars

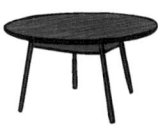

Disch

galds

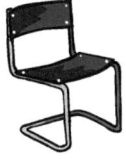

Stohl

krēsls

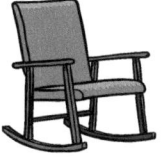

Schuckelstohl

šūpuļkrēsls

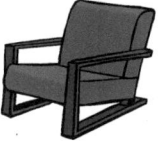

Sessel

atpūtas krēsls

Book

grāmata

Deek

sega

Dekoratschoon

dekorācija

Füerholt

malka

Film

filma

Stereoanlaag

mūzikas centrs

Slötel

atslēga

Narichtenblatt

avīze

Gemälde

glezna

Poster

plakāts

Radio

radio

Opschrievblock

pierakstu blociņš

Huulbessen

putekļu sūcējs

Kaktus

kaktuss

Kars

svece

Köök
virtuve

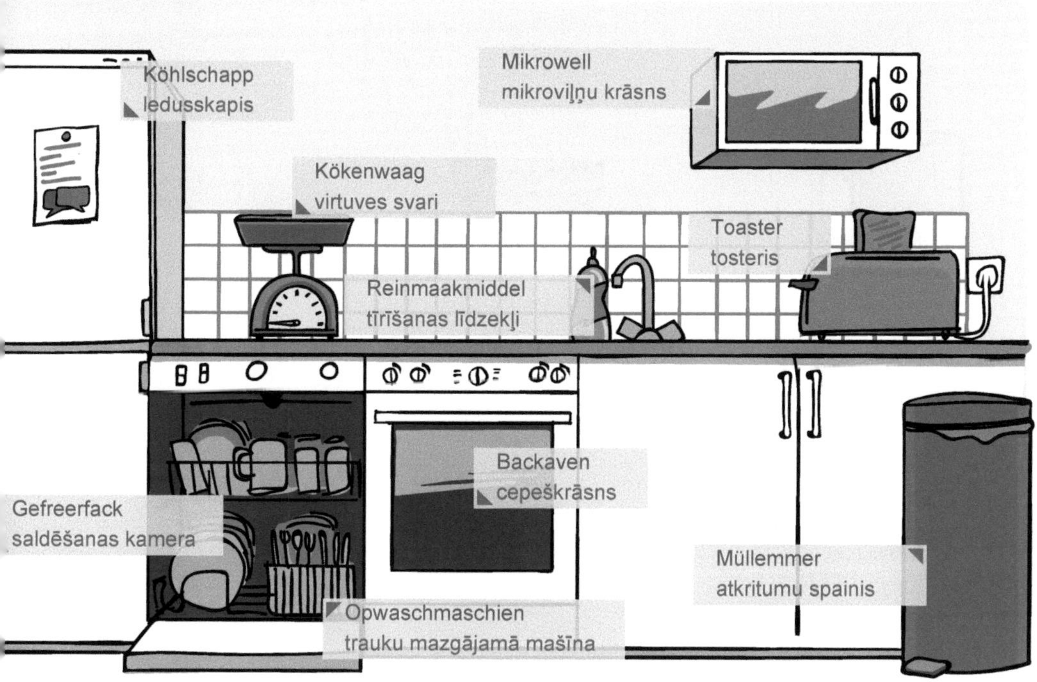
Köhlschapp
ledusskapis
Mikrowell
mikroviļņu krāsns
Kökenwaag
virtuves svari
Toaster
tosteris
Reinmaakmiddel
tīrīšanas līdzekļi
Backaven
cepeškrāsns
Gefreerfack
saldēšanas kamera
Müllemmer
atkritumu spainis
Opwaschmaschien
trauku mazgājamā mašīna

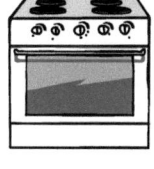

Heerd
plīts

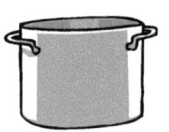

Pott
pods

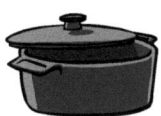

Gussiesern Putt
katls

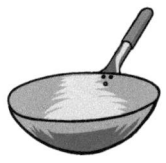

Wok / Kadai
Wok panna

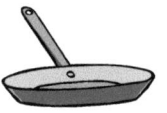

Pann
panna

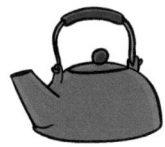

Waterkaker
elektriskā tējkanna

Dampkaakputt

tvaika katls

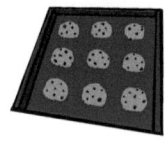

Backblick

cepešpanna

Geschirr

trauki

Beker

krūze

Schaal

bļoda

Eetsticken

irbulīši

Suppenkell

kauss

Pannenwenner

lāpstiņa

Sneebessen

putošanas slotiņa

Kaakseef

sietiņš

Seef

siets

Riev

rīve

Mörser

piesta

Grill

grilēt

Füerstell

atklāts pavards

Sniedbrett

dēlis

Nudelholt

mīklas rullis

Proppentrecker

korķu viļķis

Doos

bundža

Dosenaapner

konservu nazis

Pottlappen

virtuves cimdi

Waschbecken

izlietne

Böst

birste

Swamm

sūklis

Mixer

mikseris

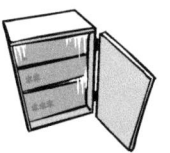

Iesschapp

saldētava

Nuckelbuddel

bērna pudelīte

Waterhahn

ūdenskrāns

Baadstuuv

vannas istaba

Heizung
apkure
Bruus
duša
Handdook
dvielis
Bruusvörhang
dušas aizkari
Schuumbad
vannas putas
Baadwann
vanna
Glas
glāze
Waschmaschien
veļas mašīna
Waterhahn
ūdenskrāns
Fliesen
flīzes
lütte Putt
podiņš
Waschbecken
izlietne

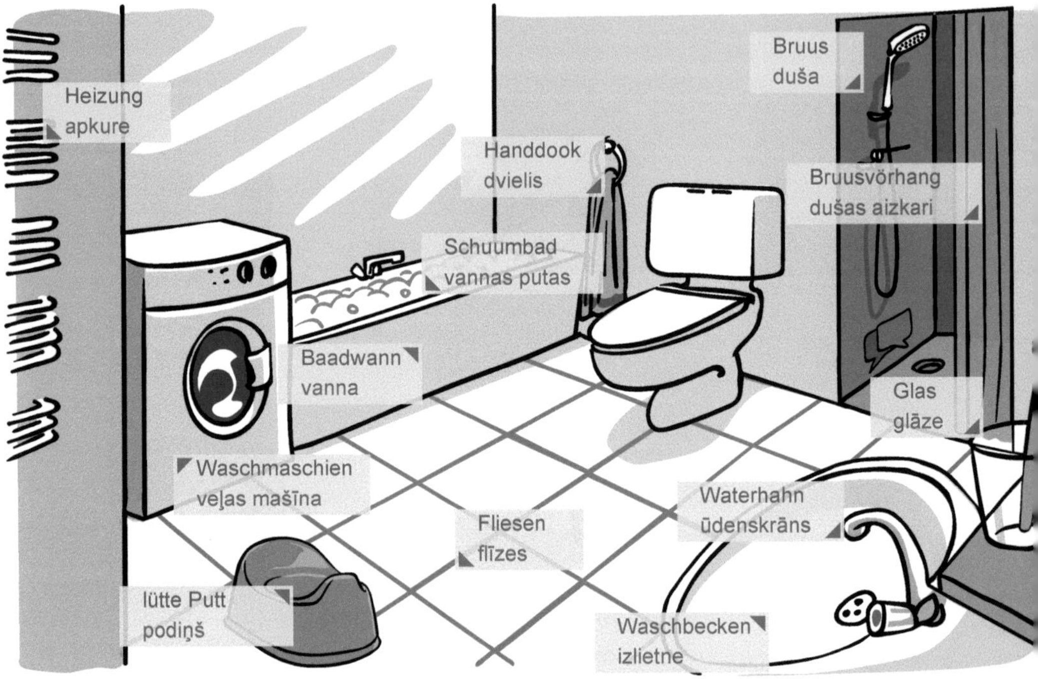

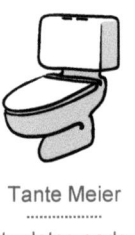

Tante Meier

tualetes pods

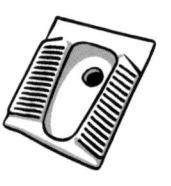

Hockklo

Āzijas tipa tualete

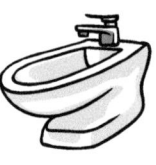

Bidet

bidē

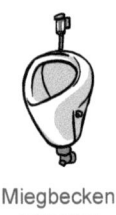

Miegbecken

pisuārs

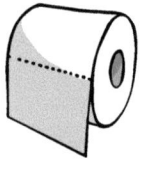

Klopapeer

tualetes papīs

Klobōst

tualetes birste

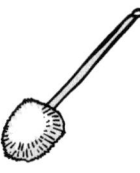

Tähnböst

zobu birste

Tähnpast

zobu pasta

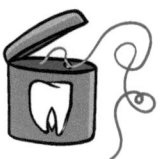

Tähnsied

zobu diegs

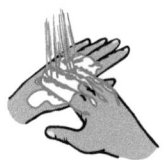

waschen

mazgāt

Handbruus

rokas duša

Intimbruus

duša

Waschschöttel

bļoda

Rüchböst

muguras mazgāšanas birste

Seep

ziepes

Bruusgeel

dušas želeja

Hoorwaschmiddel

šampūns

Waschlappen

mazgāšanas drāna

Afloop

noteka

Creme

krēms

Deodorant

dezodorants

Spegel

spogulis

Kosmetikspegel

spogulītis

Raserer

skuveklis

Raseerschuum

skūšanās putas

Raseerwater

losjons pēc skūšanās

Kamm

ķemme

Böst

matu suka

Hoordröger

matu fēns

Hoorspray

matu laka

Smink

grima komplekts

Lippensticken

lūpu krāsa

Nagellack

nagulaka

Watt

vate

Nagelscheer

šķērītes

Rüükwater

smaržas

Kulturbüdel

kosmētikas maks

Schemel

ķeblītis

Waag

svari

Baadmantel

halāts

Gummihanschen

tīrīšanas cimdi

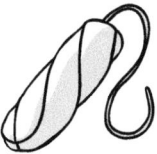

Tampon

tampons

Damenbinn

pakete

Chemieklo

ķīmiskā tualete

Kinnerstuuv
bērnu istaba

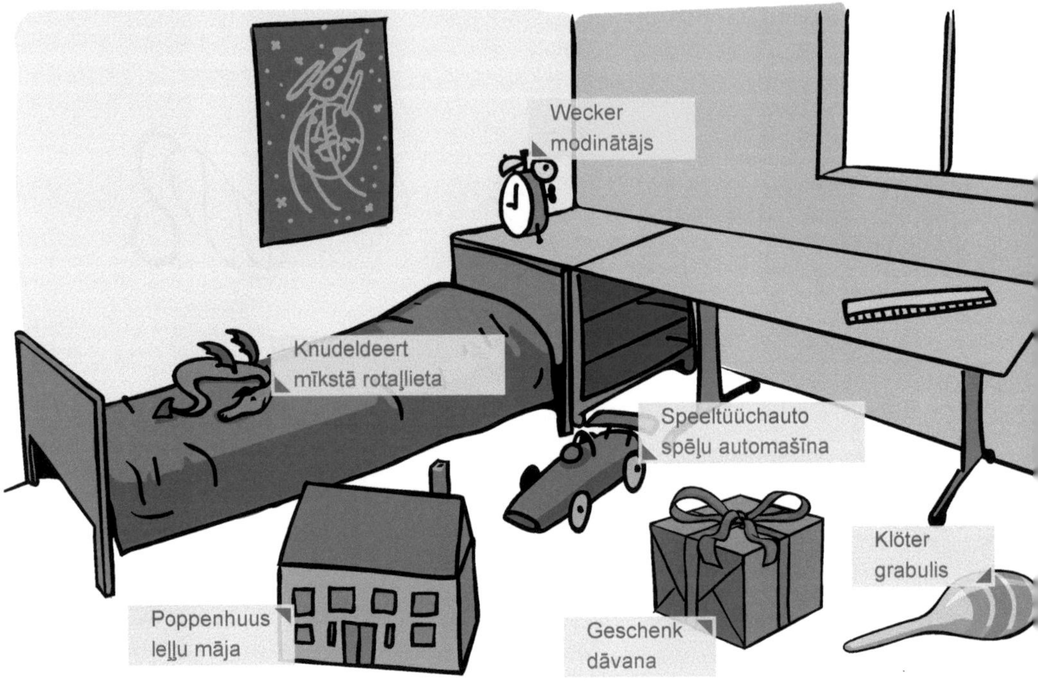
Wecker
modinātājs
Knudeldeert
mīkstā rotaļlieta
Speeltüüchauto
spēļu automašīna
Klöter
grabulis
Poppenhuus
leļļu māja
Geschenk
dāvana

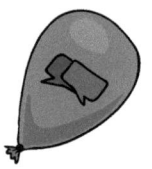

Luftballon

balons

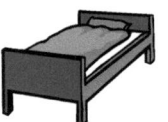

Puuch

gulta

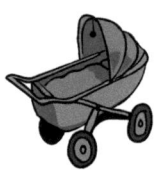

Kinnerwagen

bērnu ratiņi

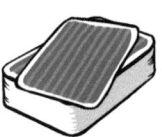

Koortenspeel

kārtis

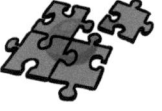

Puzzle

puzle

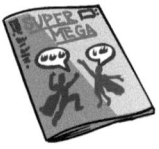

Billergeschicht

komikss

Legostenen

LEGO klucīši

Bustenen

klucīši

Action-Figur

varoņu figūra

Strampelantog

rāpulītis

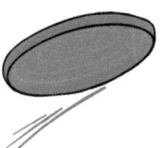

Frisbeeschiev

lidojošais šķīvītis

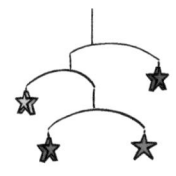

Mobile

muzikālais karuselis

Brettspeel

galda spēle

Wörpel

metamais kauliņš

Modelliesenbahn

rotaļu dzelzceļš

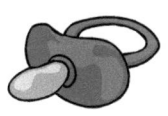

Snuller

māneklis

Party

ballīte

Billerbook

bilžu grāmata

Ball

bumba

Popp

lelle

spelen

spēlēt

Sandkassen

smilšu kaste

Schuckel

šūpoles

Speeltüüch

rotaļlietas

Speelkonsool

spēļu konsole

Dreerad

trīsritenis

Teddyboor

plīša lācītis

Klederschapp

drēbju skapis

Tüüch

apģērbs

Socken

īszeķes

Strümp

zeķes

Strumpbüx

zeķbikses

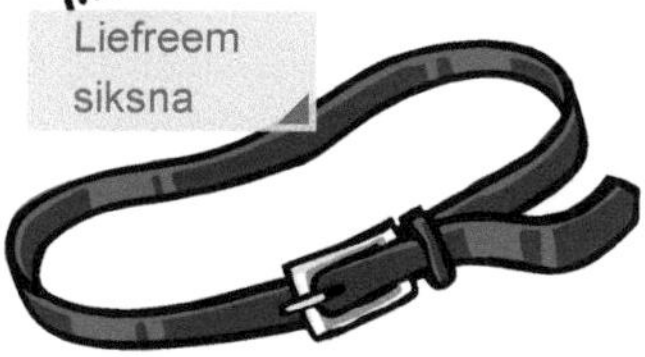

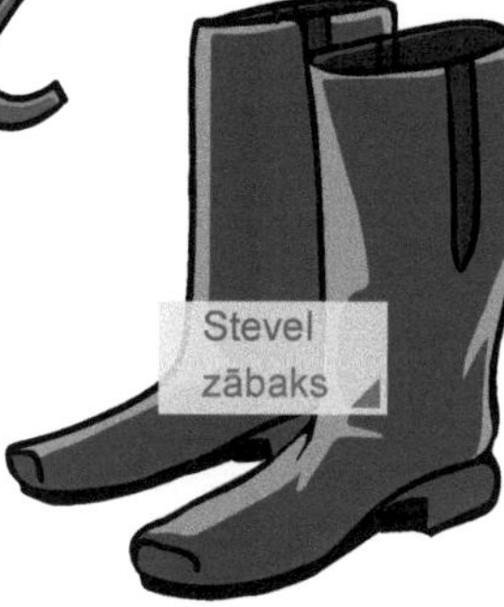

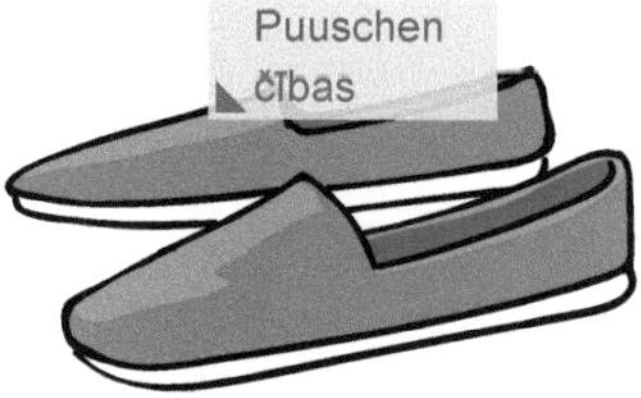

Halsdook
šalle

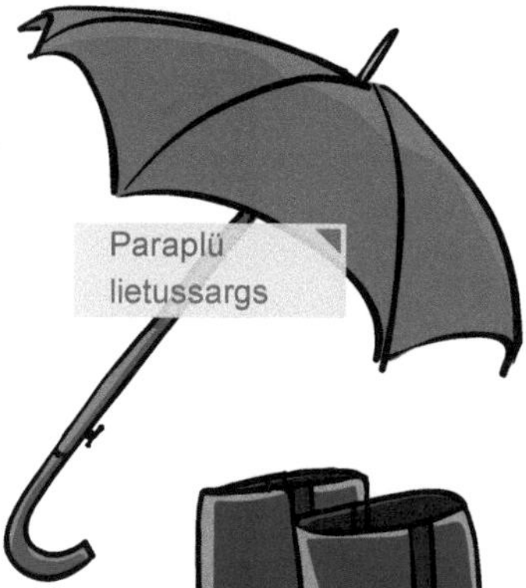

Paraplü
lietussargs

Liefreem
siksna

T-Shirt
T-krekls

Stevel
zābaks

Puuschen
čības

Turnschoh
botas

Sandalen
....
sandales

Schoh
....
kurpes

Gummistevel
....
gumijas zābaki

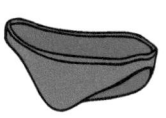

Ünnerbüx
....
apakšbikses

Bostholler
....
krūšturis

Ünnerhemd
....
apakškrekls

Lief

bodijs

Büx

bikses

Jeansnüx

džinsi

Rock

svārki

Bluus

blūze

Hemd

krekls

Pullover

pulovers

Kapuzenpullover

džemperis

Blazer

žakete

Jack

jaka

Mantel

mētelis

Övertrecker

lietus mētelis

Kostüm

kostīms

Kleed

kleita

Hochtietskleed

kāzu kleita

Antog

uzvalks

Nachtkleed

naktskrekls

Slaapantog

pidžama

Sari

sari

Koppdook

lakats

Turban

turbāns

Burka

burka

Kaftan

kaftāns

Abaya

abaja

Baadantog

peldkostīms

Baadbüx

peldbikses

Korte Büx

šorti

Antog to'n Öven

treniņtērps

Schört

priekšauts

Handschoh

cimdi

Knopp

poga

Brill

brilles

Armband

rokassprādze

Halskeed

kaklarota

Ring

gredzens

Ohrbummel

auskars

Mütz

cepure

Klederbögel

drēbju pakaramais

Hoot

platmale

Binner

kaklasaite

Rietslüter

rāvējslēdzējs

Helm

ķivere

Drachtband

bikšturi

Schooluniform

skolas forma

Uniform

uniforma

Severböten
....
priekšautiņš

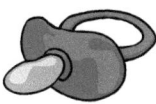

Snuller
....
māneklis

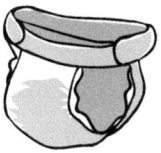

Winnel
....
autiņbiksītes

Büro

birojs

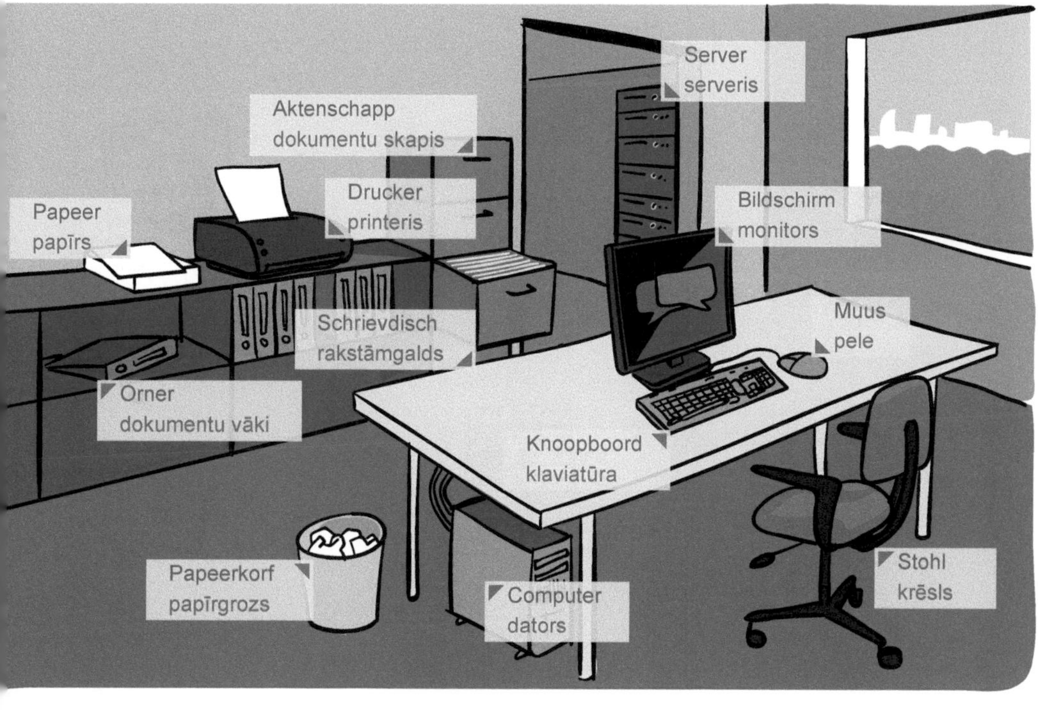

Server
serveris

Aktenschapp
dokumentu skapis

Drucker
printeris

Bildschirm
monitors

Papeer
papīrs

Schrievdisch
rakstāmgalds

Muus
pele

Orner
dokumentu vāki

Knoopboord
klaviatūra

Papeerkorf
papīrgrozs

Computer
dators

Stohl
krēsls

Koffiebeker
....
kafijas krūze

Taschenreekner
....
kalkulators

Internet
....
internets

Klappreekner

portatīvais dators

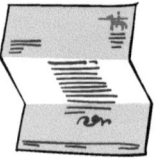

Breef

vēstule

Naricht

ziņa

Ackersnacker

mobilais tālrunis

Nettwark

tīkls

Kopeerapparat

kopētājs

Software

programmatūra

Klöönkassen

telefons

Steekdoos

rozete

Faxapparat

faksa aparāts

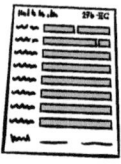

Formulor

formulārs

Dokument

dokuments

köpen

pirkt

betahlen

samaksāt

hanneln

tirgot

Geld

nauda

Dollar

dolārs

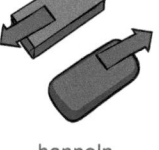

Euro

eiro

Yen

jēna

Ruvel

rublis

Swiezer Franken

franks

Renminbi Yuan

juaņa renminbi

Rupie

rūpija

Geldautomat

bankomāts

Wesselstuuv

valūtas maiņas punkts

Gold

zelts

Sülver

sudrabs

Ööl

nafta

Energie

enerģija

Pries

cena

Verdrag

līgums

Stüer

nodoklis

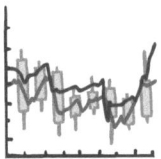

Andeelschien

akcija

arbeiden

strādāt

Anstellte

darbinieks

Arbeitgever

darba devējs

Fabrik

fabrika

Hökerie

veikals

Profeschonen
profesijas

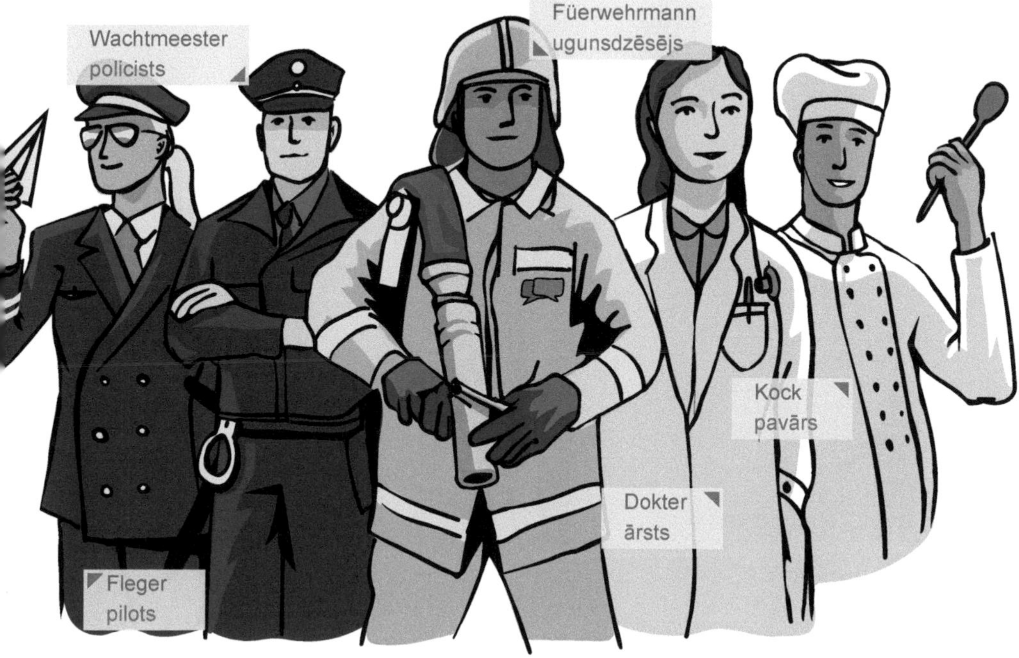
Wachtmeester
policists
Füerwehrmann
ugunsdzēsējs
Kock
pavārs
Dokter
ārsts
Fleger
pilots

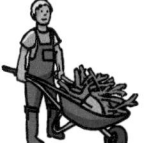

Goorner

dārznieks

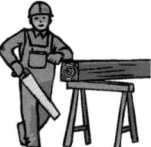

Discher

galdnieks

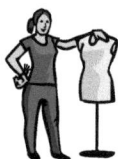

Neihersche

šuvēja

Richter

tiesnesis

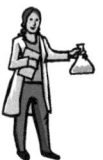

Chemiker

ķīmiķis

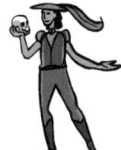

Schauspeler

aktieris

Busfohrer

autobusa vadītājs

Taxifohrer

taksometra vadītājs

Fischer

zvejnieks

Reinmaakfru

apkopēja

Dackdecker

jumiķis

Kellner

viesmīlis

Jäger

mednieks

Maler

gleznotājs

Bäcker

maiznieks

Elektriker

elektriķis

Buarbeider

celtnieks

Ingenieur

inženieris

Slachter

miesnieks

Klempner

skārdnieks

Postbüdel

pastnieks

Suldat

karavīrs

Architekt

arhitekts

Kasserer

kasieris

Florist

florists

Putzbüdel

frizieris

Schaffner

konduktors

Mechaniker

mehāniķis

Kaptein

kapteinis

Tähndokter

zobārsts

Wetenschopler

zinātnieks

Rabbi

rabīns

Imam

imāms

Mönk

mūks

Paap

mācītājs

Warktüüch
instrumenti

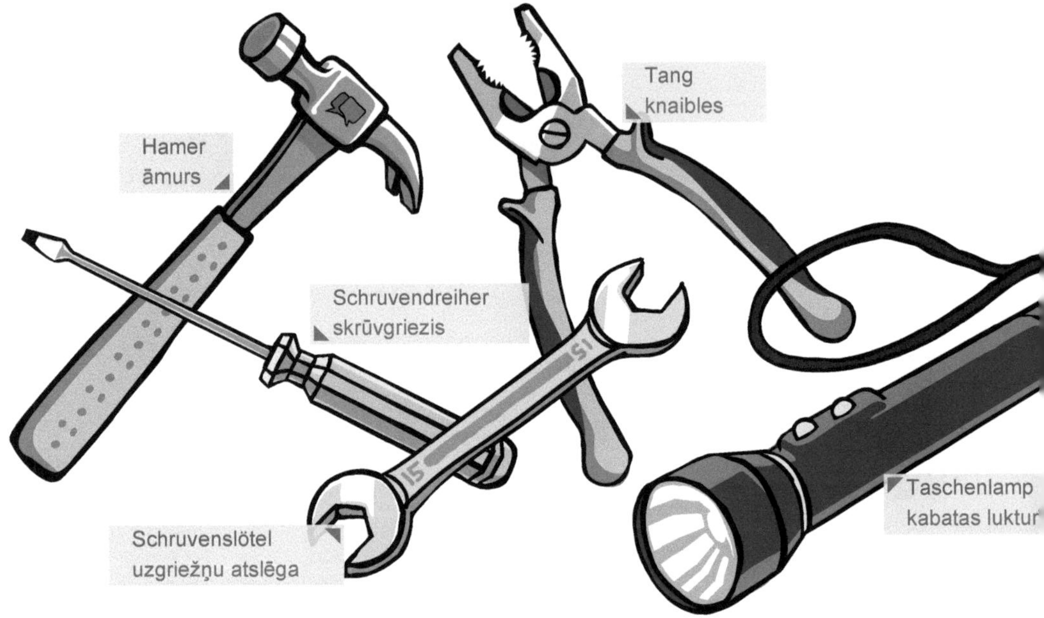

Tang
knaibles
Hamer
āmurs
Schruvendreiher
skrūvgriezis
Taschenlamp
kabatas luktur
Schruvenslötel
uzgriežņu atslēga

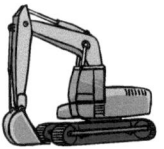

Grieper

ekskavators

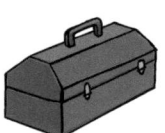

Warktüüchkassen

instrumentu kaste

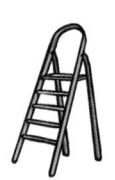

Ledder

kāpnes

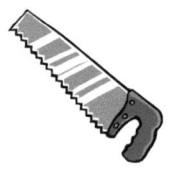

Saag

zāģis

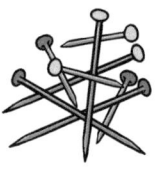

Nagels

naglas

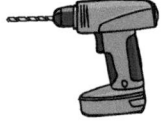

Bohrer

urbis

heelmaken
....
remontēt

Schüffel
....
lāpsta

Schiet!
....
Velns!

Kehrblick
....
liekšķere

Farvpott
....
krāsas bundža

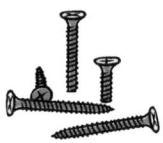

Schruven
....
skrūves

Musikinstrumenten
mūzikas instrumenti

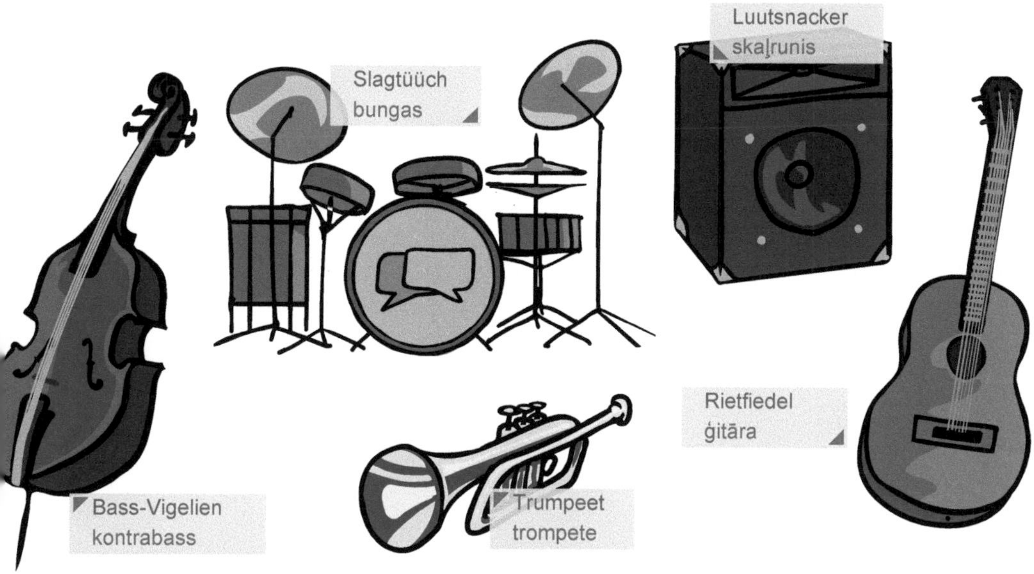

Slagtüüch
bungas ◢

Luutsnacker
skaļrunis ◢

Rietfiedel
ģitāra ◢

◤ Bass-Vigelien
kontrabass

Trumpeet
trompete

Klaveer

klavieres

Vigelien

vijole

Bass

bass

Pauk

timpāni

Trummeln

bungas

Keyboard

digitālās klavieres

Saxophon

saksofons

Fleut

flauta

Mikrofoon

mikrofons

Deertenpark
zooloģiskais dārzs

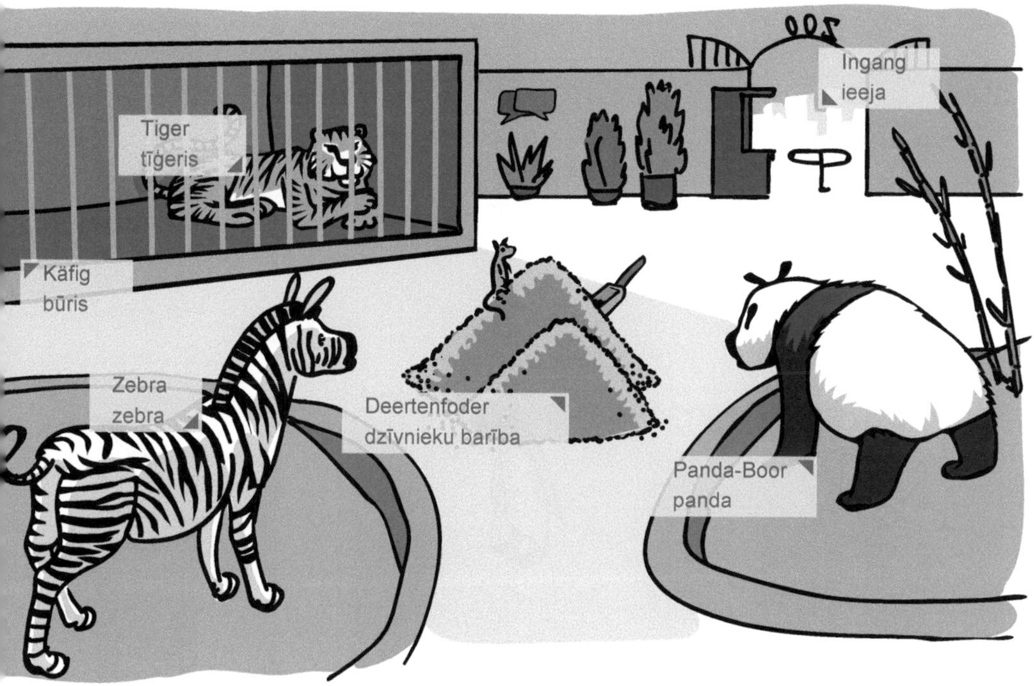
Tiger
tīģeris
Ingang
ieeja
Käfig
būris
Zebra
zebra
Deertenfoder
dzīvnieku barība
Panda-Boor
panda

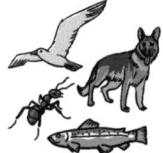

Deerten

dzīvnieki

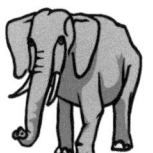

Elefant

zilonis

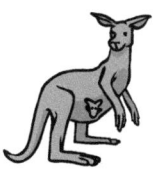

Känguru

ķengurs

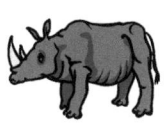

Neeshoorn

degunradzis

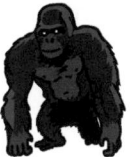

Gorilla

gorilla

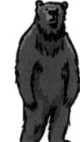

Boor

lācis

Kameel

kamielis

Struuß

strauss

Lööv

lauva

Aap

pērtiķis

Flamingo

flamings

Papagoi

papagailis

Iesboor

polārlācis

Pinguin

pingvīns

Haifisch

haizivs

Pageluun

pāvs

Slang

čūska

Krokodil

krokodils

Oppasser in'n Deertenpark

zoodārza sargs

Saalhund

ronis

Jaguor

jaguārs

Pony

ponijs

Leopard

leopards

Nilpeerd

nīlzirgs

Giraff

žirafe

Aadler

ērglis

Wildswien

meža cūka

Fisch

zivs

Schildkrööt

bruņurupucis

Walross

valzirgs

Voss

lapsa

Gazell

gazele

Deertenpark - zooloģiskais dārzs

Amerikaansch Football
amerikāņu futbols

Radfohren
riteņbraukšana

Tennis
teniss

Korfball
basketbols

Swümmen
peldēšana

Boxen
bokss

Ieshockey
hokejs

Football
....
futbols

Fedderball
....
badmintons

Leichtathletik
....
vieglatlētika

Handball
....
rokas bumba

Skilopen
....
slēpošana

Polo
....
polo

Aktivitäten
darbības

springen
lēkt
singen
dziedāt
ümarmen
apskaut
lachen
smieties
gahn
iet
drömen
sapņot
beden
lūgt
snuteln
skūpstīt

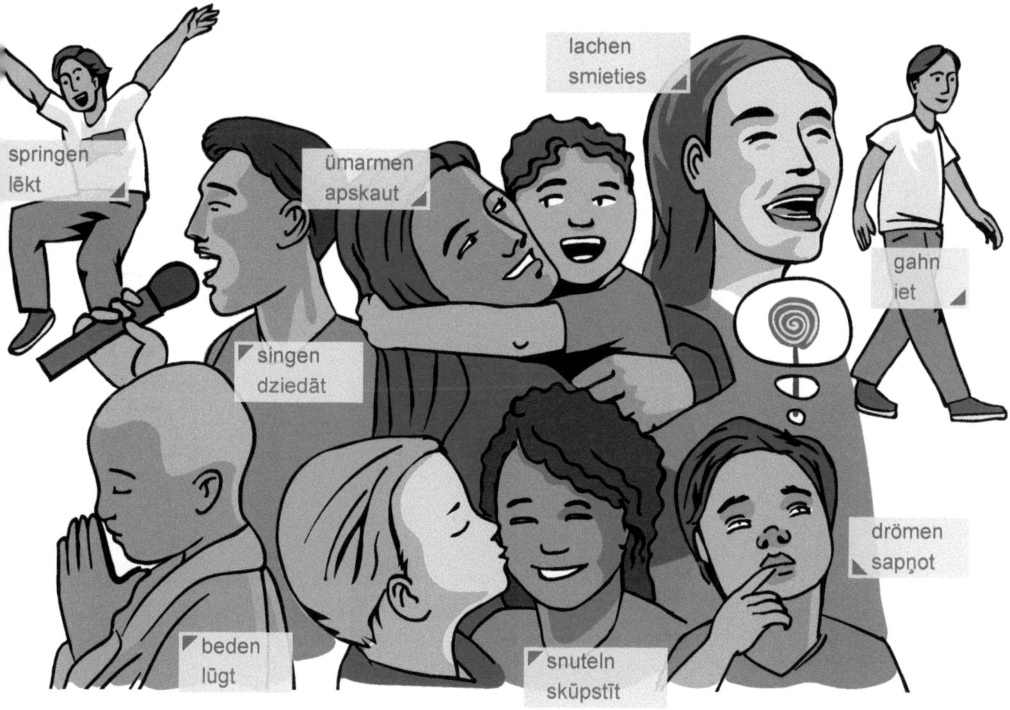

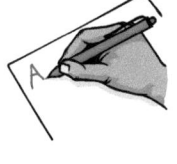

schrieven

rakstīt

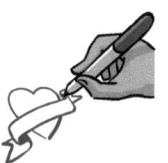

teken

zīmēt

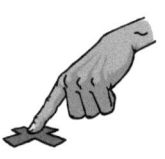

wiesen

rādīt

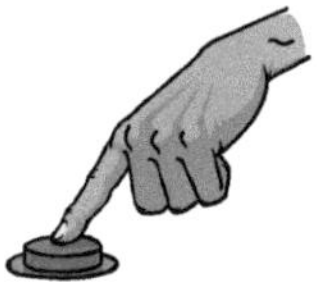

drücken

spiest

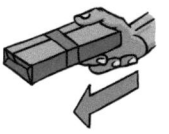

geven

dot

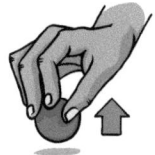

nehmen

ņemt

hebben

būt

doon

darīt

sien

būt

stahn

stāvēt

lopen

skriet

trecken

vilkt

smieten

mest

fallen

krist

liggen

gulēt

töven

gaidīt

dregen

nest

sitten

sēdēt

antrecken

uzģērbt

slapen

gulēt

opwaken

pamosties

ankieken

skatīties

wenen

raudāt

eien

glāstīt

kämmen

ķemmēt

snacken

runāt

verstahn

saprast

fragen

jautāt

hören

dzirdēt

drinken

dzert

eten

ēst

oprümen

sakārtot

leefhebben

mīlēt

kaken

vārīt

fohren

braukt

flegen

lidot

segeln

burot

reken

rēķināt

lesen

lasīt

lehren

mācīties

arbeiden

strādāt

de Plünnen tohoopsmieten

precēties

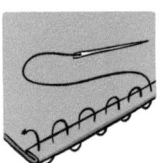

neihen

šūt

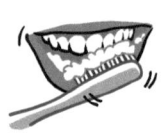

Tähnen putzen

tīrīt zobus

dootmaken

nogalināt

smöken

smēķēt

schicken

sūtīt

Grootmoder
vecāmāte

Grootvadder
vectēvs

Vadder
tēvs

Moder
māte

Winnelkind
mazulis

Dochter
meita

Söhn
dēls

Gast

viesis

Tant

tante

Unkel

onkulis

Broder

brālis

Süster

māsa

Lief

ķermenis

Vörkopp
piere
Oog
acs
Schuller
plecs
Finger
pirksts
Gesicht
seja
Kinn
zods
Hand
roka
Been
kāja
Bost
krūtis
Arm
roka

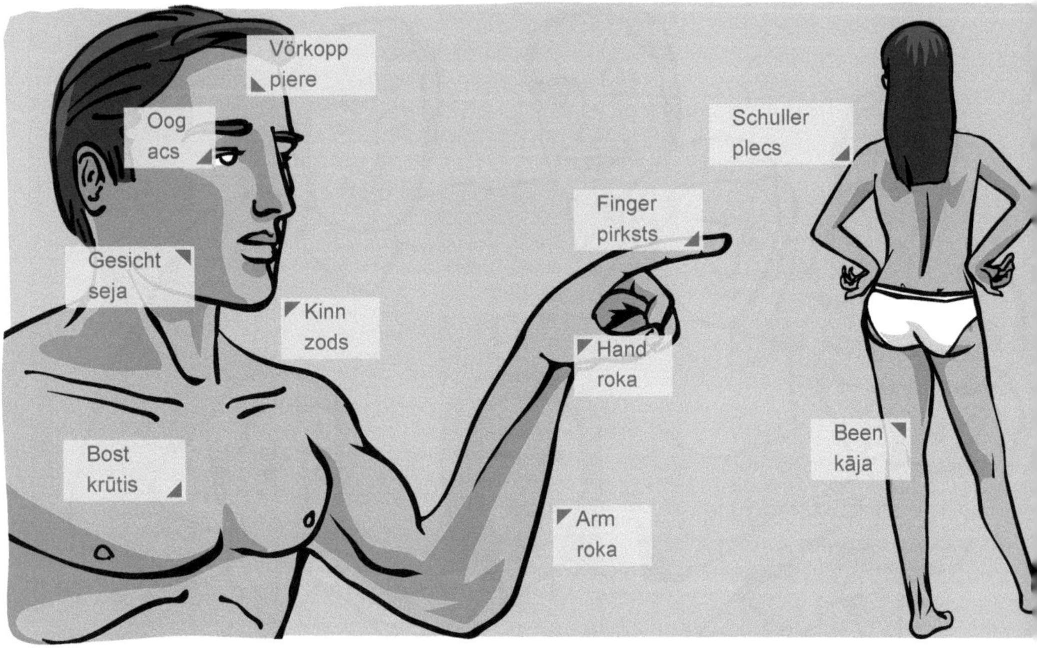

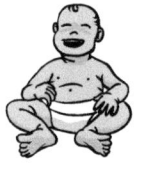

Winnelkind

mazulis

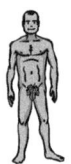

Mann

vīrietis

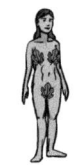

Fro

sieviete

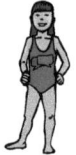

Deern

meitene

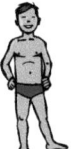

Jung

zēns

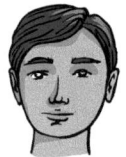

Arm

galva

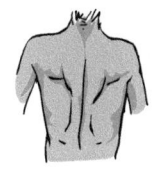

Rüch

mugura

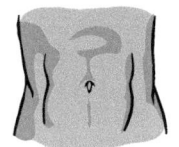

Buuk

vēders

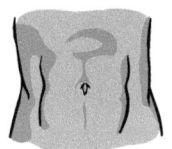

Navel

naba

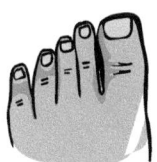

Teh

kājas pirksts

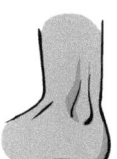

Hack

papēdis

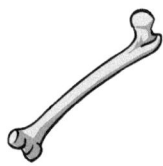

Knaken

kauls

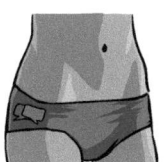

Hüft

gurns

Knee

celis

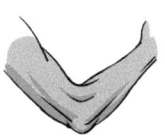

Ellbagen

elkonis

Nees

deguns

Achtersen

dibens

Huut

āda

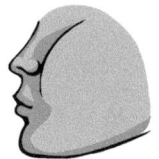

Back

vaigs

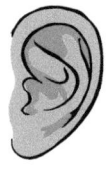

Ohr

auss

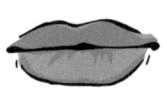

Lipp

lūpa

Mund

mute

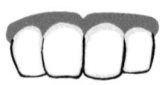

Tähn

zobs

Tung

mēle

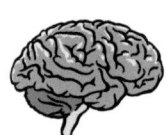

Bregen

smadzenes

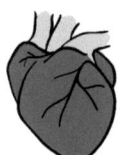

Hart

sirds

Muskel

muskulis

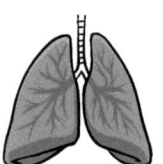

Lung

plaušas

Lever

aknas

Maag

kuņģis

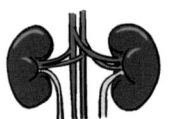

Neren

nieres

Bislaap

dzimumakts

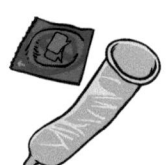

Kondoom

kondoms

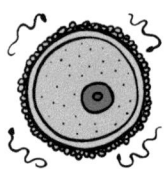

Eizell

olšūna

Sperma

sperma

Anner Ümstänn

grūtniecība

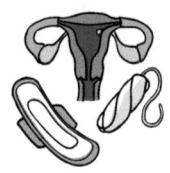

Menstruatschoon

menstruācijas

Scheed

vagīna

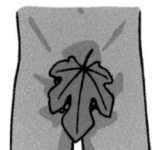

Pint

penis

Ogenbroe

uzacs

Hoor

mati

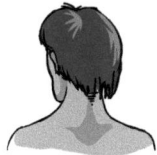

Hals

kakls

Krankenhuus
slimnīca

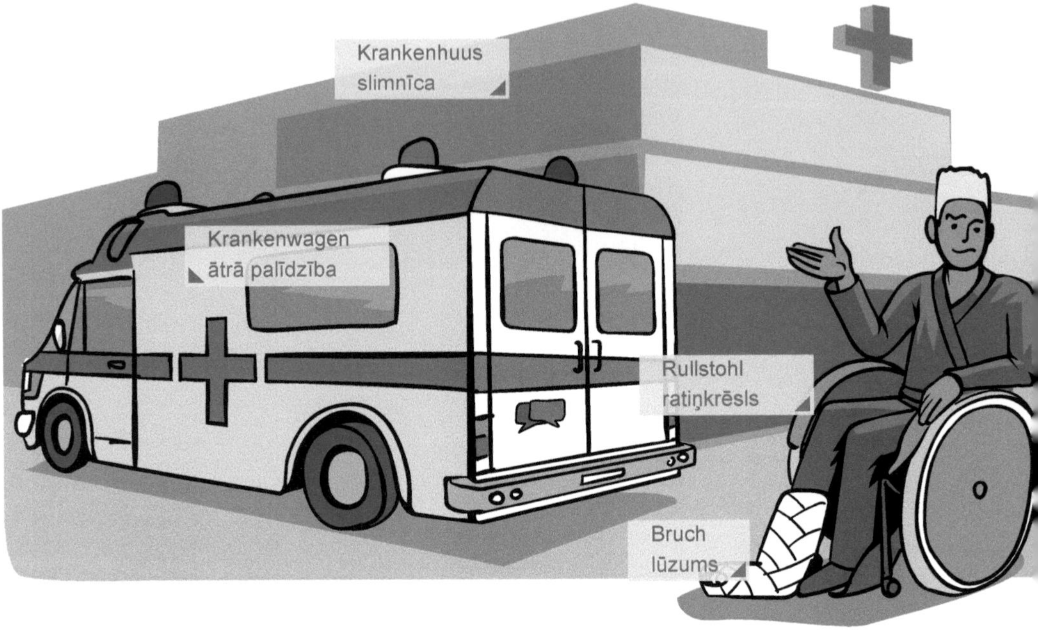

Krankenhuus
slimnīca
Krankenwagen
ātrā palīdzība
Rullstohl
ratiņkrēsls
Bruch
lūzums

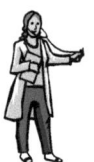

Dokter
ārsts

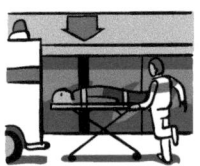

Nootopnahm
neatliekamās palīdzības nodaļa

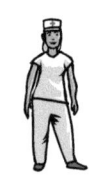

Krankensüster
medmāsa

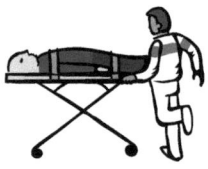

Nootfall
ārkārtas gadījums

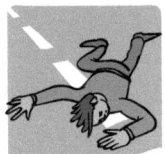

ahnmächtig
paģībis

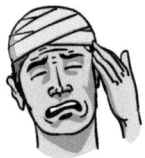

Wehdaag
sāpes

Verwunnen

ievainojums

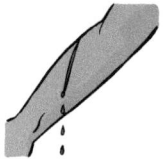

Blöden

asiņošana

Hartinfarkt

sirdslēkme

Slaganfall

insults

Allergie

alerģija

Hoosten

klepus

Fever

temperatūra

Gripp

gripa

Dörchfall

caureja

Koppwehdaag

galvassāpes

Kreeft

vēzis

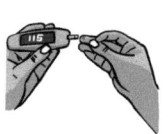

Zuckersüük

diabēts

Chirurg

ķirurgs

Chirurgsch Mess

skalpelis

Operatschoon

operācija

CT
....
datortomogrāfija

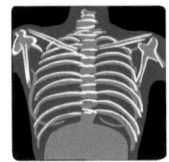

Dörchlüchten
....
rentgents

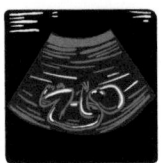

Ultraschall
....
ultraskaņa

Mask
....
sejas maska

Krankheit
....
slimība

Töövruum
....
uzgaidāmā telpa

Krück
....
kruķis

Plaaster
....
plāksteris

Verband
....
apsējs

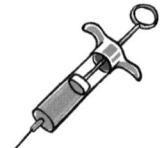

Insprütten
....
injekcija

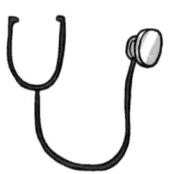

Stethoskop
....
stetoskops

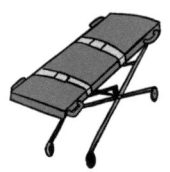

Draag
....
nestuves

Feverthermometer
....
termometrs

Geboort
....
dzemdības

Övergewicht
....
liekais svars

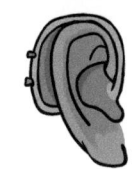

Höörapparat

dzirdes aparāts

Kiemfriemiddel

dezinfekcijas līdzeklis

Ansteken

infekcija

Virus

vīruss

HIV / AIDS

HIV / AIDS

Heelmiddel

zāles

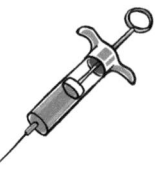

Impen

pote

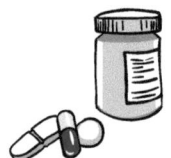

Tabletten

tabletes

Pill

pretapauglošanās tablete

Nootroop

ārkārtas izsaukums

Blootdruck-Meter

asinsspiediena mērītājs

krank / gesund

slims / vesels

Hölp!

Palīgā!

Alarm

trauksme

Överfall

uzbrukums

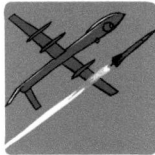

Angreep

uzbrukums

Gefohr

bīstamība

Nootutgang

avārijas izeja

Füer!

Uguns!

Füerlöscher

ugunsdzēšamais aparāts

Unfall

negadījums

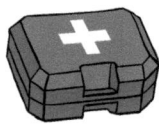

Noothölpkoffer

pirmās palīdzības aptieciņa

SOS

SOS

Polizei

policija

Europa

Eiropa

Noordamerika

Ziemeļamerika

Süüdamerika

Dienvidamerika

Afrika

Āfrika

Asien

Āzija

Australien

Austrālija

Atlantik

Atlantijas okeāns

Pazifik

Klusais okeāns

Indisch Weltmeer

Indijas okeāns

Antarktisch Weltmeer

Dienvidu okeāns

Arktisch Weltmeer

Ziemeļu ledus okeāns

Noordpol

Ziemeļpols

Süüdpol

Dienvidpols

Antarktis

Antarktika

Eerd

zeme

Land

zeme

See

jūra

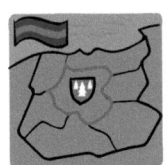

Eiland

sala

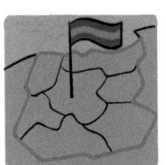

Natschoon

nācija

Staat

valsts

Tallenblatt

ciparnīca

Stunnenwieser

stundu rādītājs

Minutenwieser

minūšu rādītājs

Sekunnenwieser

sekunžu rādītājs

Wo laat is dat?

Cik ir pulkstenis?

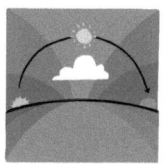

Dag

diena

Tiet

laiks

nu

tagad

digetaalsch Klock

digitālais pulkstenis

Minuut

minūte

Stunn

stunda

Week

nedēļa

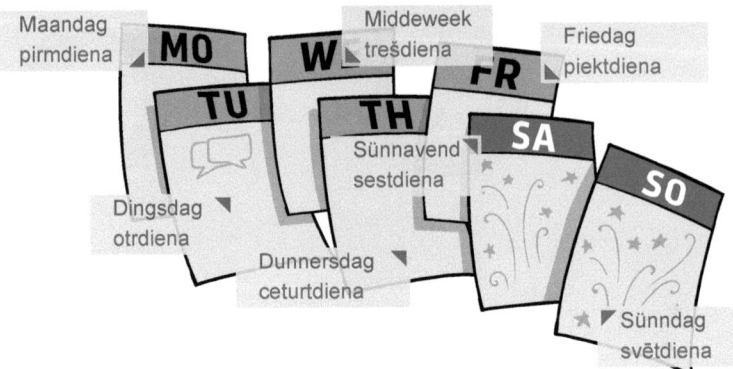

Maandag
pirmdiena

Middeweek
trešdiena

Friedag
piektdiena

Dingsdag
otrdiena

Dunnersdag
ceturtdiena

Sünnavend
sestdiena

Sünndag
svētdiena

güstern

vakardien

hüüt

šodien

morgen

rītdien

Morgen

rīts

Meddag

pusdienlaiks

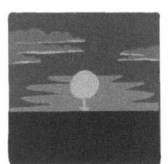

Avend

vakars

Arbeitsdaag

darbadienas

Wekenenn

brīvdienas

Johr
gads

Regen
lietus
Regenbagen
varavīksne
Snee
sniegs
Wind
vējš
Fröhjohr
pavasaris
Harvst
rudens
Sommer
vasara
Winter
ziema

4.APRIL 11°
5.APRIL 4°
6.APRIL 13°
7.APRIL 8°
8.APRIL 10°

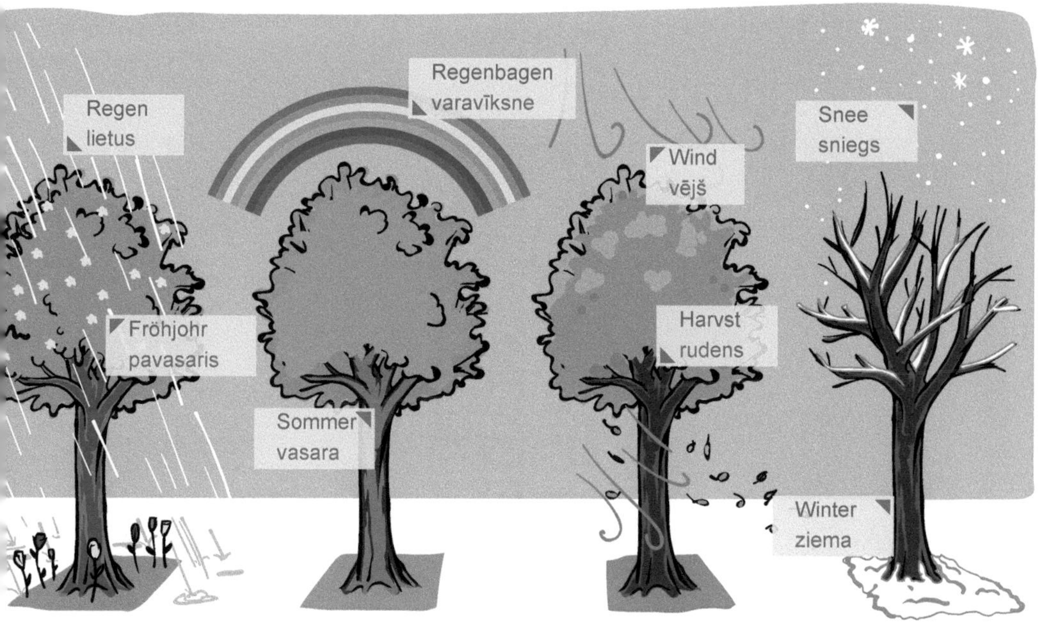

Wedervörhersaag

laika prognoze

F C
120 90 60 30 0 -30
40 30 20 10 0 -10 -20

Thermometer

termometrs

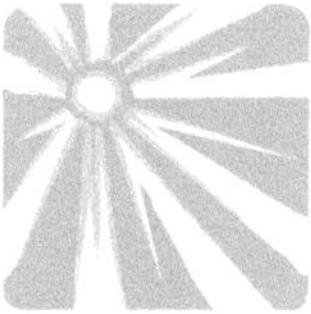

Sünnenschien

saules gaisma

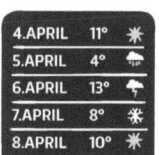

Wulk

mākonis

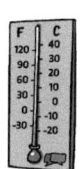

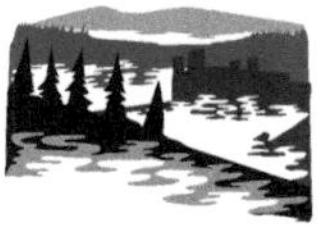

Nevel

migla

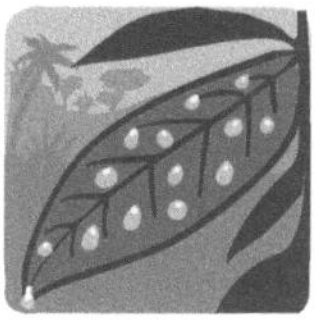

Luftfuchtigkeit

gaisa mitrums

Blitz

zibens

Dunner

pērkons

Storm

vētra

Hagel

krusa

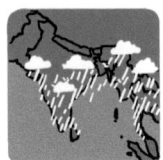

Monsun

musons

Floot

plūdi

Ies

ledus

Januormaand

janvāris

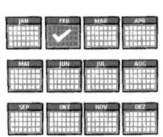

Februormaand

februāris

Martmaand

marts

Aprilmaand

aprīlis

Maimaand

maijs

Junimaand

jūnijs

Julimaand

jūlijs

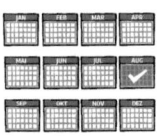

Augustmaand

augusts

Septembermaand
septembris

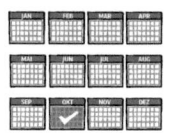

Oktobermaand
oktobris

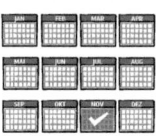

Novembermaand
novembris

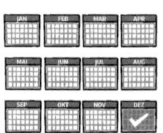

Dezembermaand
decembris

Formen
formas

Krink
aplis

Quadrat
kvadrāts

Rechteck
četrstūris

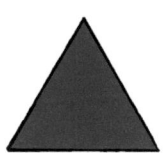

Dreeeck
trīsstūris

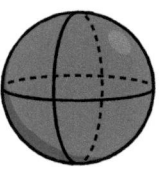

Kugel
lode

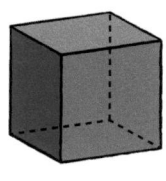

Wörpel
kubs

witt

balts

geel

dzeltens

orangsch

oranžs

pink

sārts

root

sarkans

lila

lillā

blau

zils

gröön

zaļš

bruun

brūns

gries

pelēks

swart

melns

veel / wenig

daudz / maz

böös / verdreeglich

saniknots / miermīlīgs

smuck / mies

skaists / neglīts

Begünn / Enn

sākums / beigas

groot / lütt

liels / mazs

hell / düüster

gaišs / tumšs

Broder / Süster

brālis / māsa

schier / schietig

tīrs / netīrs

kumpleet / nich kumpleet

pilnīgs / nepilnīgs

Dag / Nacht

diena / nakts

doot / lebennig

miris / dzīvs

breet / small

plats / šaurs

geneetbor / nich geneetbor

baudāms / nebaudāms

böös / fründlich

nikns / laipns

fickerig / langwielt

satraukts / garlaikots

dick / dünn

resns / tievs

toeerst / toletzt

pirmais /pēdējais

Fründ / Fiend

draugs / ienaidnieks

vull / leddig

pilns / tukšs

hart / week

ciets / mīksts

swoor / licht

smags / viegls

Smacht / Döst

izsalkums / slāpes

krank / gesund

slims / vesels

nich na't Recht / na't Recht

nelegāls / legāls

klook / dummerhaftig

inteliģents / dumjš

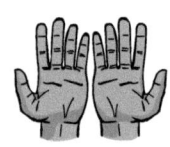

linkerhand / rechterhand

kreisais / labais

neeg / feern

tuvu / tālu

nieg / bruukt

jauns / lietots

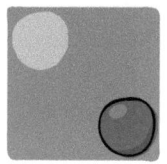

nix / wat

nekas / kaut kas

oolt / jung

vecs / jauns

an / ut

ieslēgts / izslēgts

apen / slaten

atvērts / slēgts

lies / luut

kluss / skaļš

riek / arm

bagāts / nabags

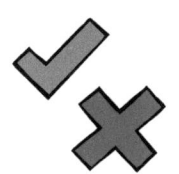

richtig / verkehrt

pareizi / nepareizi

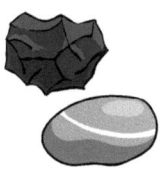

ruug / glatt

raupjš / gluds

trurig / glücklich

noskumis / laimīgs

kort / lang

īss / garš

suutje / flink

lēns / ātrs

natt / dröög

slapjš / sauss

warm / köhl

silts / vēss

Krieg / Freden

karš / miers

0	**1**	**2**
null	een	twee
nulle	viens	divi

3	**4**	**5**
dree	veer	fief
trīs	četri	pieci

6	**7**	**8**
söss	söven	acht
seši	septiņi	astoņi

9	**10**	**11**
negen	teihn	ölven
deviņi	desmit	vienpadsmit

12	**13**	**14**
twölf	dörteihn	veerteihn
divpadsmit	trīspadsmit	četrpadsmit

15	**16**	**17**
föffteihn	sössteihn	söventeihn
piecpadsmit	sešpadsmit	septiņpadsmit

18	**19**	**20**
achtteihn	negenteihn	twintig
astoņpadsmit	deviņpadsmit	divdesmit

100	**1.000**	**1.000.000**
hunnert	dusend	million
simts	tūkstotis	miljons

Engelsch

angļu

Amerikaansch Engelsch

amerikāņu angļu

Chineesch Mandarin

ķīniešu mandarīnu valoda

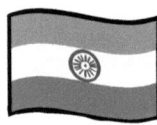

Hindi

hindi

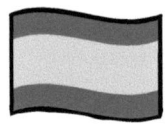

Spaansch

spāņu

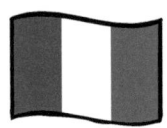

Franzöösch

franču

Araabsch

arābu

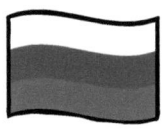

Rusch

krievu

Portugiesch

portugāļu

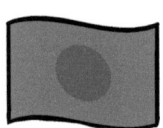

Bengaalsch

bengāļu

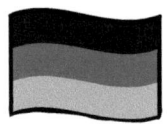

Düütsch

vācu

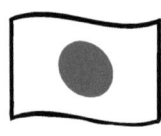

Japaansch

japāņu

ik
es

du
tu

he / se / dat
viņš / viņa

wi
mēs

ji
jūs

se
viņi / viņas

keen?
kas?

wat?
ko?

woans?
kā?

woneem?
kur?

wannehr?
kad?

Naam
vārds

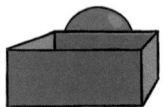

achter
....
aiz

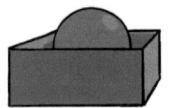

in
....
iekšā

vör
....
priekšā

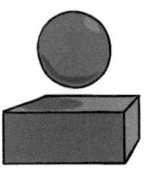

över
....
virs

op
....
uz

ünner
....
zem

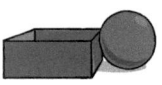

blangen
....
blakus

twüschen
....
starp

Oort
....
vieta